insel taschenbuch 4571
Jane Austen
Witziges und Weises, Geniales und Gemeines

Mit Jane Austen die Welt verstehen

Witzig und weise, genial und gemein, klug und mitunter bitterböse kann Jane Austen sein, wenn sie mit ihrer scharfen Beobachtungsgabe, ihren geschliffenen und zielsicher gesetzten Pointen und ihrer leisen, fast beiläufigen Ironie die Welt und das zwischenmenschliche Miteinander kommentiert. Ihre besten, hilfreichsten und lustigsten Sprüche versammelt dieser Band.

Jane Austen (1775-1817) ist bis heute eine der weltweit meistgelesenen englischen Autorinnen – was nicht zuletzt daran liegt, dass ihre Romane gleichermaßen von Gefühl, Intellekt und Witz getragen sind und auch noch 200 Jahre nach Erscheinen höchst modern sind.

Witziges und
Weises,
Geniales
und Gemeines
von **Jane**
Austen

Insel Verlag

Frauen und Männer

Der Kontrast, der zwischen der Bedeutung einer Mrs. Churchill und der einer Jane Fairfax bestand, wurde ihr schlagartig bewusst; die eine war alles, die andere nichts – und sie saß da und sann über die Verschiedenheit *weiblicher Schicksale* nach.

Emma

Als Bruder, als Gutsherr, als Vorgesetzter, wie vieler Menschen *Glück* hielt er in seiner Hand! Wie viel Freude, wie viel Schmerz konnte er bereiten! Wie viel Gutes, wie viel Böses konnte durch ihn geschehen!

Stolz und Vorurteil

Wir sind *anmutig*, sehr anmutig, liebe Charlotte, und die vortrefflichste unserer vortrefflichen Eigenschaften ist, dass wir ihrer nicht im Geringsten gewahr sind.

Lesley Castle

Gerade eine Frau, die das *Unglück* hat, viel zu wissen, täte gut daran, es möglichst zu verbergen.

Die Abtei von Northanger

Ich hatte gemeint, gerade du seist
frei von Eigensinn, Überheblichkeit
und jenem Hang zu *geistiger
Unabhängigkeit*, der heutzutage
so überhandnimmt, sogar bei jungen
Frauen, und der bei jungen Frauen
derart empörend und widerwärtig ist,
dass er alles, was sonst Anstoß erregt,
in den Schatten stellt.

Mansfield Park

Wenn irgendetwas
Unangenehmes geschieht,
ziehen die Männer sich aus der Affäre.

Anne Elliot

Nach den landläufigen Vorstellungen
war er eigentlich nicht gerade
liebenswert, er redete keinen Unsinn,
machte keine Komplimente,
hielt an seinen Ansichten fest
und war in seinen Aufmerksamkeiten
zurückhaltend und unprätentiös.

Mansfield Park

»Er ist gerade so, wie ein
junger Mann sein soll: vernünftig,
vergnügt und lebhaft. Ich habe noch
nie so angenehme Umgangsformen
erlebt. Er ist so ungezwungen und dabei
doch vollkommen wohlerzogen!«
»Außerdem sieht er sehr gut aus«,
erwiderte Elizabeth. »Wie es sich ja
auch für einen jungen Mann gehört.
Es ergänzt seinen Charakter.«

Stolz und Vorurteil

Sir Edwards großer Ehrgeiz im Leben
war es, *unwiderstehlich* zu sein.
Mit so vielen persönlichen Vorzügen,
wie er sie besaß und deren er sich
bewusst war, und solchen Talenten,
die er zu besitzen sich einbildete,
betrachtete er es sozusagen als eine
Ehrensache. Er fühlte sich dazu
geschaffen, ein gefährlicher Mann,
ganz in der Art solcher Lovelaces zu sein.
Schon der Name Sir Edward, meinte er,
trage bereits einen gewissen Grad
von Faszination in sich.

Sanditon

Was ließ sich von einem Mann
erwarten, welcher nicht ein Gran
Empfindsamkeit besaß, kaum
wusste, was das Wort Sympathie
bedeutet, u. es wagte zu schnarchen –.

Liebe u. Freundschaft

»Ich sage immer, eine Frau kann gar kein zu *reiches Innenleben* haben – und ich bin froh und dankbar, mit einem solchen gesegnet zu sein, so dass ich von der Gesellschaft ganz unabhängig bin.«

Emma

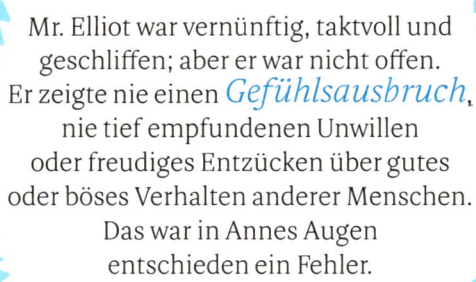

Mr. Elliot war vernünftig, taktvoll und
geschliffen; aber er war nicht offen.
Er zeigte nie einen *Gefühlsausbruch*,
nie tief empfundenen Unwillen
oder freudiges Entzücken über gutes
oder böses Verhalten anderer Menschen.
Das war in Annes Augen
entschieden ein Fehler.

Anne Elliot

Wenn eine junge Dame in *Ohnmacht* fällt, muss man sie wiederbeleben, Fragen stellen und sich die Überraschung erklären lassen. Vorkommnisse dieser Art erregen immer großes Interesse, aber die Spannung kann nie lange anhalten.

Emma

»Ich habe in meinem ganzen Leben
noch kein Buch geöffnet, welches
nicht irgendetwas über die
Unbeständigkeit der Frau zu sagen
hatte. Aber vielleicht werden
Sie nun sagen, dass sie alle von
Männern geschrieben sind.«

Anne Elliot

»Was kümmern Sie sich schon
um das *Herz*? Keiner von euch
Männern hat eines.« – »Wenn wir
schon kein Herz haben, so besitzen
wir doch Augen; und die bereiten
uns Qualen genug.«

Die Abtei von Northanger

Mrs. Allen gehörte zu der weit
verbreiteten Gattung von Frauen,
deren Gesellschaft keine andere
Empfindung erregt als *Erstaunen*
darüber, dass es auf der Welt Männer
gibt, die sie hoch genug schätzen,
um sie zu heiraten.

Die Abtei von Northanger

»Morgen fahre ich an einen Ort,
wo ich einem Mann begegnen werde,
der nicht eine einzige angenehme
Eigenschaft und weder Lebensart
noch Verstand besitzt. *Dumme
Männer* sind die einzigen,
deren Bekanntschaft sich lohnt.«

Stolz und Vorurteil

Mr. Palmer verfocht die bei seinen
Geschlechtsgenossen übliche, aber
für einen *Vater* unmögliche Ansicht,
alle Säuglinge sähen gleich aus;
ja er konnte nicht einmal dazu gebracht
werden, das schlichte Faktum
anzuerkennen, dass es das schönste
Kind von der Welt sei.

Verstand und Gefühl

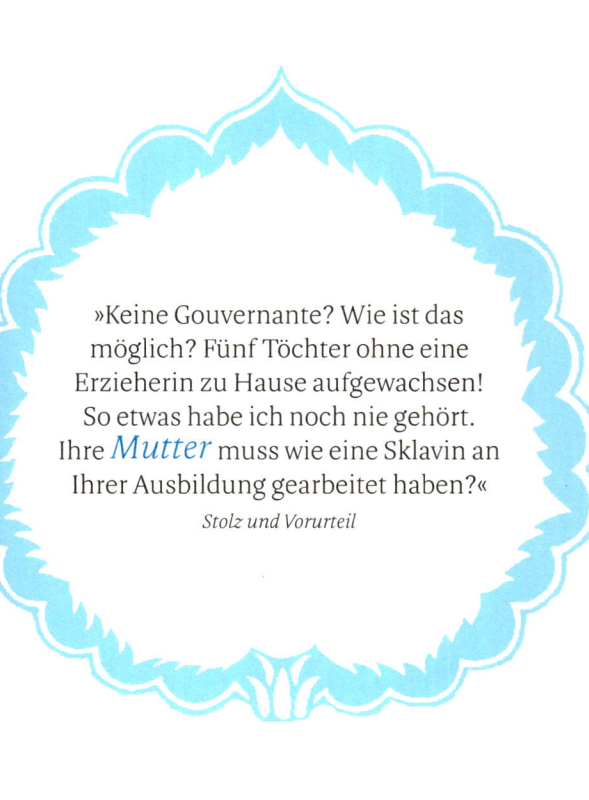

»Keine Gouvernante? Wie ist das
möglich? Fünf Töchter ohne eine
Erzieherin zu Hause aufgewachsen!
So etwas habe ich noch nie gehört.
Ihre *Mutter* muss wie eine Sklavin an
Ihrer Ausbildung gearbeitet haben?«

Stolz und Vorurteil

Arme Mrs. Stent. Es ist ihr *Los*,
immer überall im Weg zu sein,
aber wir müssen gnädig sein, denn
wir werden vielleicht selbst einmal
Mrs. Stents, die zu nichts in der Lage
und jedermann unwillkommen sind.

Jane Austen an Cassandra

Sie sind heutigen Tages 55 Jahre alt.
Sollte eine Frau jemals vor der
unerbittlichen Hartnäckigkeit
unerwünschter Liebhaber und den
grausamen *Heimsuchungen*
herzloser Väter in Sicherheit sein
können, dann wohl unfehlbar in
diesem Stadium des Lebens.

Liebe u. Freundschaft

Das ideale Paar

Es ist eine allgemein anerkannte
Wahrheit, dass ein Junggeselle,
der ein schönes Vermögen besitzt,
zu seinem Glück nur noch einer Frau
bedarf. Wie wenig man auch über
die Gefühle und Ansichten eines
solchen Mannes weiß, wenn er zum
ersten Mal in eine Gegend kommt, ist
diese Wahrheit doch so fest in den
Köpfen der ansässigen Familien
verankert, dass er als das rechtmäßige
Eigentum der einen oder anderen
ihrer Töchter betrachtet wird.

Stolz und Vorurteil

»Ich zweifle keinen Augenblick, dass ihr sehr gut *miteinander auskommen* werdet. Ihr seid euch im Wesen so ähnlich und beide so nachgiebig, dass ihr nie zu einem Entschluss kommen werdet, so gutgläubig, dass euch alle Dienstboten übers Ohr hauen, und so freigebig, dass eure Ausgaben ständig eure Einkünfte übersteigen werden.«

Stolz und Vorurteil

Er war ein schwerfälliger junger Mensch von gerade eben durchschnittlichem Verstand, doch da er weder in seiner äußeren Erscheinung noch in seinem Auftreten irgendwie *unangenehm* wirkte, war die junge Dame mit ihrer Eroberung recht zufrieden.

Mansfield Park

»Ich könnte nicht glücklich werden mit einem Mann, dessen Geschmack nicht in allen Punkten mit meinem eigenen *übereinstimmt*. Er muss alle meine Gefühle teilen.«

Verstand und Gefühl

Seiner Frau hatte er nicht mehr
zu danken, als dass ihre Unwissenheit
und Einfalt zu seiner *Erheiterung*
beitrugen. Das ist aber im Allgemeinen
nicht das Glück, welches ein Mann
seiner Frau danken möchte, doch wo
es keine anderen Möglichkeiten gibt,
wird der wahre Philosoph mit dem
vorliebnehmen, was er hat.

Stolz und Vorurteil

Wie sehr sie sich ihrem Wesen und äußerem Benehmen nach auch voneinander unterschieden, so glichen sie sich doch in jenem völligen Mangel an Begabung und Geschmack, der ihren Beschäftigungen sehr *enge Grenzen* setzte. Sir John Middleton war Jäger, Lady Middleton Mutter.

Verstand und Gefühl

»Es macht dir Spaß, mich zu ärgern.
Aber du hast ja noch nie Rücksicht
auf meine armen *Nerven* genommen.«
»Du tust mir unrecht, meine Liebe.
Ich habe den größten Respekt vor deinen
Nerven. Sie sind alte Freunde von mir,
und seit wenigstens zwanzig Jahren
lausche ich voller Anteilnahme,
wenn du von ihnen sprichst.«

Stolz und Vorurteil

»Mir gefällt, was ich sehe«,
stellte Elizabeth fest.
»Sie sieht kränklich und übellaunig aus.
Ja, sie passt zu ihm.
Genau die Frau, die er *verdient*.«

Stolz und Vorurteil

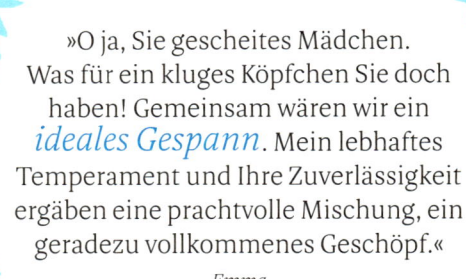

»O ja, Sie gescheites Mädchen.
Was für ein kluges Köpfchen Sie doch
haben! Gemeinsam wären wir ein
ideales Gespann. Mein lebhaftes
Temperament und Ihre Zuverlässigkeit
ergäben eine prachtvolle Mischung, ein
geradezu vollkommenes Geschöpf.«

Emma

Jetzt endlich erkannte sie, dass
gerade er der Mann gewesen wäre,
der nach Veranlagung und Fähigkeiten
am besten zu ihr *gepasst* hätte.
Ihre Beschwingtheit und Lebhaftigkeit
hätten seine Strenge gemildert,
und sein Wissen, sein Urteilsvermögen
und seine Weltgewandtheit wären
ihr sehr zugutegekommen.

Stolz und Vorurteil

»Der Mann ist zwar
widerstandsfähiger als die Frau,
trotzdem lebt er nicht länger;
und das erklärt am besten meine Ansicht
über das Wesen ihrer Zuneigung.«

Anne Elliot

»Wir vergessen die Männer sicherlich
nicht so schnell, wie sie uns vergessen.
Es ist vielleicht mehr unser *Schicksal*
als unser Verdienst.
Wir können nicht dagegen an.«

Anne Elliot

So *vorteilhaft* die Verbindung
auch sein würde, und so lange
die Verlobung auch schon offiziell
bestand, ihr Glück durfte dafür
nicht geopfert werden.

Mansfield Park

»Eine *verlobte Frau* ist immer
angenehmer als eine unverlobte.
Sie ist mit sich zufrieden. Sie hat keine
Sorgen mehr und weiß, dass sie ihren
ganzen Charme entfalten kann,
ohne Argwohn zu erregen.«

Mansfield Park

»Ach ja, es ist wirklich eine recht böse Geschichte! Und eine ganz neue Art von *Minnedienst* für einen jungen Mann, seiner Herzensdame die Hirnschale zu zertrümmern! Erst den Schädel einschlagen und dann ein Pflaster auflegen!«

Anne Elliot

Mrs. Hall aus Sherbourne kam
gestern einige Wochen vor der Zeit
mit einer Totgeburt nieder,
verursacht durch einen *Schock*.
Sie hat vermutlich aus Versehen
ihren Mann angeschaut.

Jane Austen an Cassandra

Herzens-
angelegenheiten

Die *Begeisterungsfähigkeit*
einer verliebten Frau übertrifft
sogar die eines Biographen.

Mansfield Park

Ist nicht *Unhöflichkeit* gegenüber
anderen ein Beweis für Liebe?

Stolz und Vorurteil

»Ich hatte nichts auf der Welt zu tun,
als mir *einzubilden*, verliebt zu sein.«

Verstand und Gefühl

»Nur zu gern möchte ich erleben,
dass Emma sich verliebt und nicht recht
weiß, ob ihre Liebe *erwidert* wird.
Das täte ihr gut.«

Emma

»Ich hätte mir nicht so viele Gedanken um Sie gemacht, wenn ich nicht derartig vernarrt in Sie gewesen wäre, trotz all Ihrer *Fehler und Schwächen*; und aufgrund der vielen Mängel, die ich an Ihnen zu entdecken glaubte, habe ich mich bereits in Sie verliebt, als Sie höchstens dreizehn waren.«

Emma

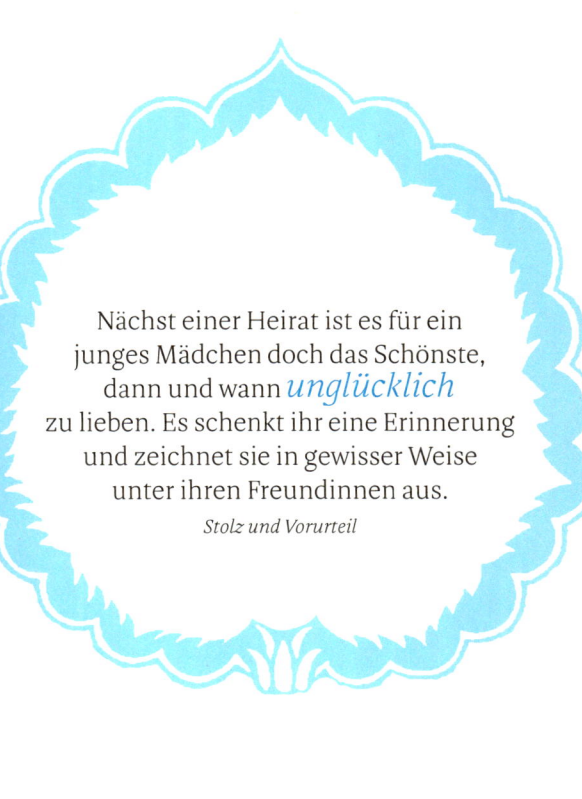

Nächst einer Heirat ist es für ein
junges Mädchen doch das Schönste,
dann und wann *unglücklich*
zu lieben. Es schenkt ihr eine Erinnerung
und zeichnet sie in gewisser Weise
unter ihren Freundinnen aus.

Stolz und Vorurteil

Es ist vielleicht ganz nützlich,
wenn man der Öffentlichkeit etwas
vormachen kann, aber manchmal
gereicht allzu viel *Beherrschung*
auch zum Nachteil. Verbirgt eine Frau
ihre Liebe mit gleichem Geschick vor
deren Gegenstand, kann er ihr entgleiten.

Stolz und Vorurteil

»Sagen Sie nicht wieder, dass der Mann schneller *vergisst* als die Frau, dass er seine Liebe früher zu Grabe trägt. Ich habe niemand anderen als Sie geliebt. Ich mag ungerecht gewesen sein, schwach und empfindlich, aber niemals unbeständig.«

Anne Elliot

Für *Verliebte* ist kein Thema
abgeschlossen, ja es ist noch nicht
einmal richtig vorgebracht worden,
bevor es nicht mindestens zwanzigmal
erörtert worden ist.

Verstand und Gefühl

Er war noch nicht so verliebt,
dass er sich *die weibliche Willkür*
bei der Messung von Raum und Zeit
zu eigen gemacht hätte.

Mansfield Park

»Ein größeres *Unglück* könnte
mir nicht zustoßen! Einen Mann
sympathisch zu finden, den man zu
verabscheuen entschlossen ist!«

Stolz und Vorurteil

Erst jetzt, da sie dieses *Privileg* zu
verlieren drohte, wurde Emma bewusst,
wie sehr ihr Glück davon abhing, von
Mr. Knightley mehr als jede andere
geschätzt und gemocht zu werden.

Emma

›*Leidenschaftlich verliebt*‹
klingt so abgedroschen und vieldeutig.
Manche beschreiben damit Gefühle,
die nach einer halbstündigen Bekanntschaft, andere eine tiefe Zuneigung.

Stolz und Vorurteil

»Ich will mir keine stärkeren Gefühle
einreden, als wirklich vorhanden sind.
Ich bin ohnehin schon *genügend
verliebt*; mehr davon wäre nicht gut.«

Emma

Auch weiterhin hegte Emma keinen
Zweifel, verliebt zu sein. Nur über das
Ausmaß ihrer Verliebtheit wechselten
ihre Vorstellungen. Anfangs meinte sie,
Amors Pfeil habe sie gehörig erwischt,
später dann, er habe sie nur gestreift.

Emma

Ich bin lediglich entschlossen, so zu
handeln, wie es *meinem Begriff* von
Glück entspricht, ohne auf Sie oder sonst
einen Menschen, zu dem ich keinerlei Be-
ziehungen habe, Rücksicht zu nehmen.

Stolz und Vorurteil

Ihrem Herzen erschien die
Geschichte wundervoll, ihrer
Phantasie geradezu lächerlich, aber
ihrem Verstand, ihrem Urteilsvermögen
war sie *ein völliges Rätsel*.

Verstand und Gefühl

»Auf jeden Fall bin ich froh, dass Sie
eine Hyazinthe lieben lernten. Schon
die Tatsache, *lieben zu lernen*,
ist viel wert.«

Die Abtei von Northanger

Freundschaft ist ein vorzüglicher
Balsam auf die Wunden
enttäuschter Liebe.

Die Abtei von Northanger

Nichts ist berückender als
ein zärtliches Herz.

Emma

Vom (Un)Glück
der Ehe

Ich denke, dass jeder das Recht
hat, einmal im Leben *aus Liebe*
zu heiraten.«

Jane Austen an Cassandra

Wenn zwei *gleichgestimmte Herzen*
sich im Ehestande vereinen, darf man die
Ehe ein glückliches Leben nennen.

Mansfield Park

Jeder Mann hat den Wunsch,
seiner Frau ein *besseres Zuhause*
zu bieten als das, aus dem er sie holt;
und wenn einer das kann und es an ihrer
Liebe keinen Zweifel gibt, muss er doch,
denke ich, der glücklichste Mensch auf
Erden sein.

Emma

Sie hatte ihr Ziel erreicht und nun Zeit,
darüber nachzudenken. Ihre Überlegungen fielen *zufriedenstellend*
aus. Zwar war Mr. Collins weder
intelligent noch angenehm im Umgang;
seine Gesellschaft war ermüdend und
seine Zuneigung zu ihr nichts als Ein-
bildung. Aber er würde ihr Gemahl sein.
Ohne eine besonders hohe Meinung
von den Männern oder der Ehe zu haben,
war Charlottes Ziel immer
ihre Verheiratung gewesen.

Stolz und Vorurteil

»Ganz allgemein gilt für mich folgende
Regel, Harriet: Wenn sich eine Frau im
Zweifel ist, ob sie einen Mann erhören
soll oder nicht, sollte sie ihn unbedingt
abweisen. Die Ehe ist eine Sache, auf die
man sich nicht mit inneren Zweifeln,
nicht halbherzig einlassen sollte.«

Emma

Wie wenig dauerhaft musste
das Glück eines Paares sein,
deren Ehe sich nur dadurch ergeben
hatte, dass ihre *Leidenschaft*
größer als ihre Tugend war.

Stolz und Vorurteil

Man sollte möglichst wenig über die *Unzulänglichkeiten* des Menschen wissen, mit dem man sein Leben verbringen wird.

Stolz und Vorurteil

Die Ehe ist von allen *Geschäften* dasjenige, bei dem die Menschen am meisten voneinander erwarten und selbst am wenigsten aufrichtig sind.

Mansfield Park

»Er ist ein ausgesprochener *Glückspilz*. In so jungen Jahren – mit dreiundzwanzig –, einem Alter, in dem ein Mann zumeist die falsche Wahl trifft, wenn er sich eine Frau aussucht. Mit dreiundzwanzig das große Los gezogen zu haben!«

Emma

»Elizabeth, du stehst vor einer *unseligen Wahl*. Vom heutigen Tag an musst du für einen Teil deiner Eltern eine Fremde sein. Deine Mutter will dich nicht mehr sehen, wenn du Mr. Collins *nicht* heiratest, und ich will dich nicht mehr sehen, wenn du es *tust*.«

Stolz und Vorurteil

Es war eine durchaus
standesgemäße Hochzeit.
Die Braut war elegant gekleidet – ihr
Vater übergab sie dem Bräutigam – ihre
Mutter stand mit dem Riechfläschchen
in der Hand da und wartete darauf, von
Rührung überwältigt zu werden – ihre
Tante versuchte zu weinen – und
das Ehegelöbnis wurde von
Dr. Grant eindrucksvoll vorgelesen.

Mansfield Park

Mrs. Col. Tilson muss wirklich
eine beängstigende Braut gewesen sein!
Ihr einziges Sinnen und Trachten
war es, *Aufmerksamkeit* zu erregen.
Das verheißt nichts Gutes für
seine Familie und kündet
nicht von *großem* Verstand.

Jane Austen an Cassandra

Glück in der Ehe ist reiner Zufall.
Die Parteien können ihre Neigungen
vorher noch so gut kennen und noch
so viele Gemeinsamkeiten haben, ihr
Eheglück wird das nicht fördern.
Sie werden sich immer noch genügend
auseinander entwickeln, um
Unstimmigkeiten hervorzurufen.

Stolz und Vorurteil

Bezaubert von Jugend, Schönheit und Heiterkeit hatte ihr Vater eine Frau geheiratet, deren Engstirnigkeit und *geringe Herzensbildung* schon bald nach der Hochzeit alle wirkliche Liebe ersterben ließ. Achtung, Verehrung, Vertrauen und jeder Traum von häuslichem Glück waren schnell dahin.

Stolz und Vorurteil

Miss Jackson wird den jungen
Mr. Gunthorpe heiraten und sehr
unglücklich werden. Er flucht, trinkt,
ist verdrießlich, eifersüchtig, selbst-
bezogen und brutal. Die Folge davon:
Ihre Familie ist entsetzt über die
Verbindung, und *er* wurde von
der seinen enterbt.

Jane Austen an Cassandra

»Ich müsste schon ziemlich
dumm sein, wenn ich Lebensumstände
wie die meinen gegen andere
eintauschte, ohne mich verliebt zu
haben. Eine Frau braucht einen Mann
nicht zu *heiraten*, bloß weil er sie dar-
um bittet oder weil er sie liebt und einen
passablen Brief schreiben kann.«

Emma

»Meine liebe Alicia, was hast du bloß für einen Fehler begangen, einen Mann in seinem *Alter* zu heiraten! – eben alt genug, um steif, störrisch zu sein und die Gicht zu haben – zu alt, um angenehm zu sein, und zu jung, um zu sterben.«

Lady Susan

Aber vielleicht war es für ihren Mann sogar besser, dass sie gelegentlich nervös und unverändert töricht blieb, denn ihm hätte ein *häusliches Glück* in so ungewöhnlicher Form womöglich gar nicht zugesagt.

Stolz und Vorurteil

Männer können es nie begreifen,
warum eine Frau einen Heiratsantrag
ablehnt. Männer bilden sich immer ein,
eine Frau müsse für jeden bereit sein,
der um sie anhält.

Emma

Wie schlimm und wie unverzeihlich, wie hoffnungslos und niederträchtig ist es, ohne *wirkliche Zuneigung* zu heiraten.

Mansfield Park

Welcher Unterschied besteht denn zwischen einer *Vernunftehe* und einer *Geldheirat*? Wo endet Vorsicht und wo beginnt Habgier?

Stolz und Vorurteil

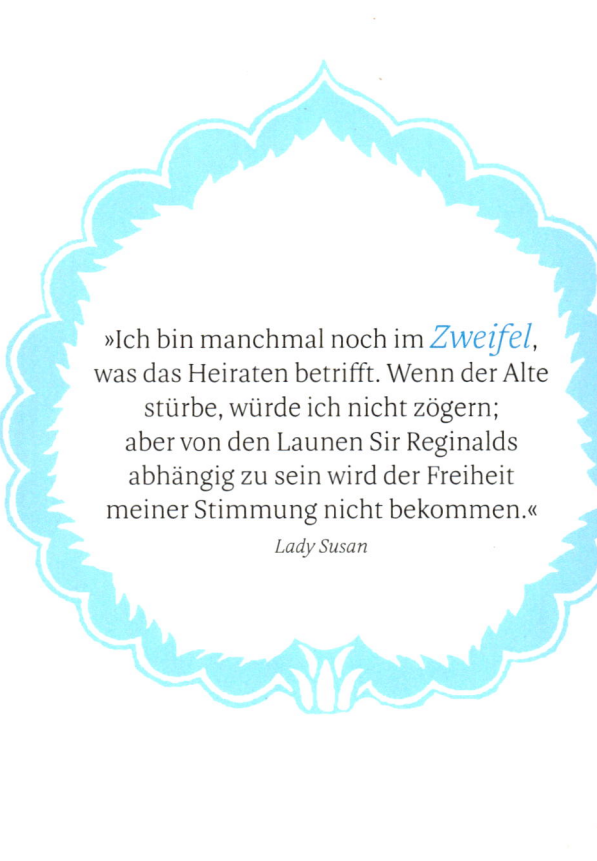

»Ich bin manchmal noch im *Zweifel*, was das Heiraten betrifft. Wenn der Alte stürbe, würde ich nicht zögern; aber von den Launen Sir Reginalds abhängig zu sein wird der Freiheit meiner Stimmung nicht bekommen.«

Lady Susan

Alle wichtigen *Vorbereitungen*, die ihr Seelenleben betrafen, hatte sie bereits abgeschlossen: Durch einen Hass auf ihr Elternhaus mit all seinen Zwängen und seiner ruhigen Einförmigkeit, durch den tiefen Schmerz enttäuschter Liebe und durch die Verachtung des Mannes, den sie heiraten sollte, war sie auf die Ehe vorbereitet.

Mansfield Park

Wenn zwei junge Menschen einander
zu heiraten beabsichtigen, dann werden
sie mit ziemlicher Sicherheit ihren *Plan*
ausdauernd verfechten, und seien sie
noch so arm, noch so unvernünftig,
noch so wenig dazu geschaffen,
einander endgültiges Glück zu bescheren.

Anne Elliot

Im selben Augenblick eilte sie zu
Frederic, und in wahrhaft heroischer
Manier gab sie unumwunden *ihre
Absicht* zu erkennen, ihn am nächsten
Tag zu heiraten. Jemandem, welcher in
einer solch misslichen Lage über
weniger Mut als Frederic verfügt hätte,
wären diese Worte einem Todesurteil
gleichgekommen; er jedoch erwiderte
nicht im Geringsten erschrocken,
kühnen Mutes: »Verdammt, Elfrida,
du magst morgen heiraten,
ich aber werde es nicht tun.«

Frederic und Elfrida

»Wenn Sie meine bisherigen
Worte als Ermutigung auffassen,
dann weiß ich wirklich nicht, wie ich
meine *Zurückweisung* ausdrücken
soll, um Sie von ihrer Endgültigkeit
zu überzeugen.« – »Sie sollten
berücksichtigen, dass Ihnen ungeachtet
Ihrer mannigfaltigen Reize ein weiterer
Antrag keineswegs sicher ist. Ihre Mitgift
ist ja leider so gering, dass sie mit aller
Wahrscheinlichkeit die Wirkung Ihres
Liebreizes und Ihrer bewundernswürdi-
gen Fähigkeiten aufheben wird.«

Stolz und Vorurteil

Welch ein *Verlust* wird das sein,
wenn Du heiratest. Du bist einfach zu
liebenswürdig so, wie du jetzt bist,
unverheiratet, zu liebenswürdig als
Nichte. Ich werde Dich verabscheuen,
wenn Dein köstlicher lebhafter Geist sich
über ehelichen und mütterlichen Gefüh-
len zur Ruhe setzen wird.

Jane Austen an Fanny Knight

»Ich betrachte den Kontertanz als
ein Abbild der Ehe. Treue und
Entgegenkommen sind die Haupt-
pflichten der Partner. Und Männer,
denen es nicht einfällt, selbst zu tanzen
oder zu freien, haben mit den
Tänzerinnen oder Ehefrauen ihrer
Nachbarn nichts zu schaffen.«

Die Abtei von Northanger

Ob schön oder unschön, es
gibt *Verbindungen*, welche die
Vernunft vergeblich zu ertragen sucht,
die der Geschmack nicht duldet und
deren sich der Spott bemächtigt.

Anne Elliot

Mrs. John Lyford ist so begeistert
vom Stand der *Witwenschaft*,
dass sie darauf aus ist, wieder
Witwe zu werden.

Jane Austen an Cassandra

Ewige Schönheit und Jugend

Heutzutage haben die jungen Mädchen
es sich in den Kopf gesetzt, schöne
junge Männer allen anderen vorzuzie-
hen, obwohl ich nie herausfinden konnte,
warum, denn was sind schließlich schon
Jugend und *Schönheit*? Nichts als
ein jämmerliches Ersatzmittel für
wahren Wert und Verdienst.

Catharine oder Die Laube

Junge Damen sind wie
zarte Pflänzchen. Sie sollten auf
ihre Gesundheit und ihren Teint achten.

Emma

»Ach, wie schön ist es doch,
jung und hübsch zu sein!
Also, jung war ich auch einmal,
aber sehr hübsch war ich nie –
zu meinem Pech. Trotzdem
habe ich einen sehr guten Mann
bekommen, und ich weiß nicht,
was man selbst mit größter Schönheit
mehr bewirken kann.«

Verstand und Gefühl

Die Erkenntnis, dass er, wie
viele seiner Geschlechtsgenossen,
aufgrund eines unerklärlichen
Vorurteils zugunsten von *Schönheit*,
nun der Ehemann einer strohdummen
Frau war, mochte ihn vielleicht innerlich
ein wenig verbittert haben – aber
sie wusste, dass ein solcher Missgriff
für jeden denkenden Mann allzu
gewöhnlich war, um dauernd
darunter zu leiden.

Verstand und Gefühl

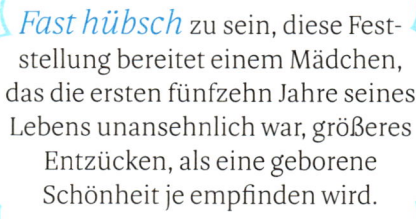

Fast hübsch zu sein, diese Fest-
stellung bereitet einem Mädchen,
das die ersten fünfzehn Jahre seines
Lebens unansehnlich war, größeres
Entzücken, als eine geborene
Schönheit je empfinden wird.

Die Abtei von Northanger

»Wie oft wünschte ich schon, über *so wenig Schönheit* zu verfügen wie Du, dass meine Gestalt so ungeschlacht sein möge wie die Deine und mein Gesicht so reizlos wie das Deine – doch, ach! Wie wenig Aussicht besteht darauf, dass dieser Herzenswunsch mir erfüllt wird.«

Lesley Castle

Das Schlimmste an Bath war die
große Anzahl hässlicher Frauen.
Auf seinen Spaziergängen hatte er
wiederholt festgestellt, dass einer
hübschen Frau mindestens dreißig
oder fünfunddreißig *Gräuel* folgten.
In einem Geschäft in der Bond Street
beobachtete er einmal nicht weniger als
siebenundachtzig vorübergehende
Frauen, unter denen nicht eine einzige
ein erträgliches Gesicht aufwies. Und
die Männer erst! Sie waren noch viel
schlimmer! Gleich Vogelscheuchen be-
völkerten sie die Straßen! An der
Wirkung, die ein gut aussehender Mann
hervorrief, war deutlich zu erkennen,
wie wenig die Frauen an einen solchen
Anblick gewöhnt waren.

Anne Elliot

Es waren *sehr wenige Schönheiten* anwesend, und die sahen alle nicht sehr gut aus. Mrs. Blount war die einzige, die groß bewundert wurde: dasselbe breite Gesicht wie im September, Diamanten-Haarband, weiße Schuhe, rosa Ehemann und feister Nacken. Mrs. Warren hat sich zu Teilen ihres Kindes entledigt, tanzte mit großem Eifer und sah kein bisschen dick aus. Ihr Mann ist sehr hässlich, hässlicher noch als sein Vetter John, aber er sieht nicht *ganz* so alt aus wie dieser. Die Misses Debary, Susan & Sally waren anwesend, ganz in Schwarz. Ich war so höflich zu ihnen, wie es ihr schlechter Mundgeruch erlaubte.

Jane Austen an Cassandra

Junge Mädchen sind erst
interessant, wenn sie erwachsen werden.

Jane Austen an Anna Austen

Übrigens muss ich mich damit
abfinden, *nicht mehr jung* zu sein,
aber es hat auch durchaus seinen Reiz,
eine Art Anstandsdame zu sein.
Man setzt mich auf das Sofa am Kamin
und ich kann so viel Wein trinken,
wie mir schmeckt.

Jane Austen an Cassandra

Die wahren Werte – Bildung und Charakter

»Ich wusste nicht, dass Sie Charakter-
studien betreiben. Das ist gewiss
amüsant.« – »Ja, und *schwierige
Charaktere* sind die amüsantesten, so
haben sie zumindest *einen* Vorzug.«

Stolz und Vorurteil

»Besser überhaupt keinen Verstand,
als ihn so zu *missbrauchen* wie Sie.«

Emma

Wenn es jemals an Zärtlichkeit fehlen
mochte, traten gesunder
Menschenverstand und gutes
Benehmen an ihre Stelle.

Mansfield Park

»Die Vorzüge natürlicher Torheit bei einem schönen Mädchen sind bereits von den Federn meiner Schreiberschwestern aufgezeigt worden. Um den Männern Gerechtigkeit widerfahren zu lassen, möchte ich nur noch hinzufügen, dass zwar für den größeren und oberflächlicheren Teil des männlichen Geschlechts *frauliche Dummheit* eine Erhöhung ihrer persönlichen Reize bedeutet, aber doch eine gewisse Anzahl immerhin vernünftig und wohlgebildet genug sind, um von einer Frau mehr zu wünschen als nur Unwissenheit.«

Die Abtei von Northanger

Kein Mann, der etwas im Kopf hat,
wünscht eine *einfältige Ehefrau*,
da können Sie sagen, was Sie wollen.

Emma

Gutmütige, unaffektierte Mädchen
genügen einem Mann nicht mehr,
der *verständige Frauen* gewohnt ist.

Mansfield Park

Sie war jedenfalls nicht sonderlich begeistert von Mr. Bingleys Schwestern. Zwar waren sie durchaus wohlerzogen und auch charmant, solange alles nach ihrem Kopf ging, und besaßen die Fähigkeit, sich angenehm zu machen, wenn es ihnen beliebte, dennoch waren sie *stolz und dünkelhaft*. Sie verkehrten in den ersten Kreisen und fühlten sich daher in jeder Weise berechtigt, gut von sich und gering von anderen zu denken.

Stolz und Vorurteil

Lady Middleton war von Mrs. Dashwood gleichermaßen angetan. Beiden war ein *kaltherziger Egoismus* zu eigen, der sie einander anziehend machte, und es gehörte auch zu ihren Gemeinsamkeiten, dass sie auf abgeschmackte Etikette hielten und sich durch einen umfassenden Mangel an Intelligenz auszeichneten.

Verstand und Gefühl

Ein echtes, ehrliches, altmodisches Mädchenpensionat, wo ein vernünftiges Maß an *Fertigkeiten* zu einem vernünftigen Preis geboten wird und wohin man junge Mädchen schicken kann, damit sie aus dem Weg sind und sich ein wenig Bildung aneignen, ohne Gefahr zu laufen, als Wunderkinder zurückzukommen.

Emma

»Eine Frau muss über gründliche
Kenntnisse in Musik, Gesang, Malerei,
Tanz und modernen Sprachen verfügen,
um diese Bezeichnung zu verdienen.
Und außerdem muss sie auch in ihrer
Haltung, ihrem Gang, ihrer Stimme und
ihrer Sprache ein gewisses Etwas
besitzen, sonst gebührt sie ihr nur halb.«
»Dann wundert es mich nicht, dass Sie
nur sechs gebildete Frauen kennen,
vielmehr wundert es mich, dass Sie
überhaupt welche kennen.«

Stolz und Vorurteil

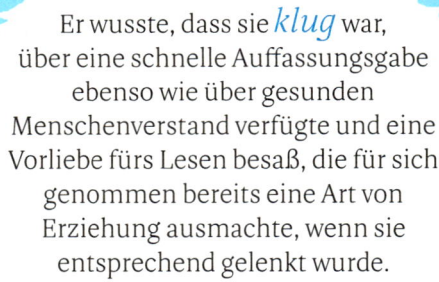

Er wusste, dass sie *klug* war,
über eine schnelle Auffassungsgabe
ebenso wie über gesunden
Menschenverstand verfügte und eine
Vorliebe fürs Lesen besaß, die für sich
genommen bereits eine Art von
Erziehung ausmachte, wenn sie
entsprechend gelenkt wurde.

Mansfield Park

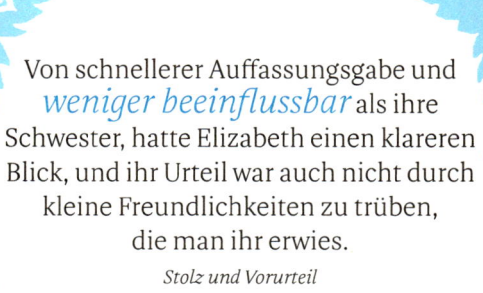

Von schnellerer Auffassungsgabe und
weniger beeinflussbar als ihre
Schwester, hatte Elizabeth einen klareren
Blick, und ihr Urteil war auch nicht durch
kleine Freundlichkeiten zu trüben,
die man ihr erwies.

Stolz und Vorurteil

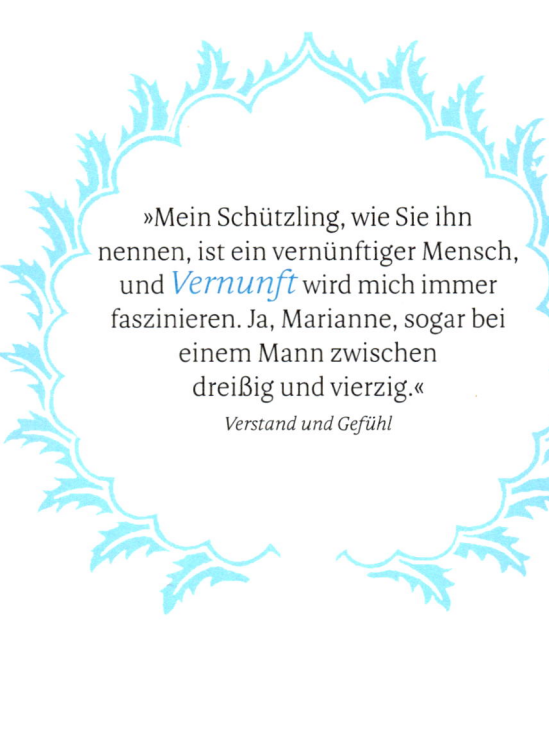

»Mein Schützling, wie Sie ihn nennen, ist ein vernünftiger Mensch, und *Vernunft* wird mich immer faszinieren. Ja, Marianne, sogar bei einem Mann zwischen dreißig und vierzig.«

Verstand und Gefühl

»Je besser ich die Welt kennenlerne,
umso unzufriedener bin ich mit ihr.
Täglich wird mir die *Unbeständigkeit*
des menschlichen Charakters bestätigt,
und ich erkenne, wie wenig man sich auf
den Anschein von Verdiensten oder
Vernunft verlassen kann.«

Stolz und Vorurteil

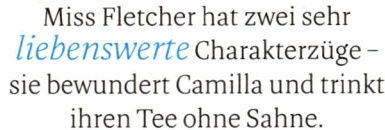

Miss Fletcher hat zwei sehr
liebenswerte Charakterzüge –
sie bewundert Camilla und trinkt
ihren Tee ohne Sahne.

Jane Austen an Cassandra

Sie brüstete sich damit, Bücher zu lieben, ohne dass sie las, sie war lebhaft, *ohne Geist* zu haben, und im Allgemeinen gutgelaunt, ohne es sich zum Verdienst anrechnen zu können.

Catharin

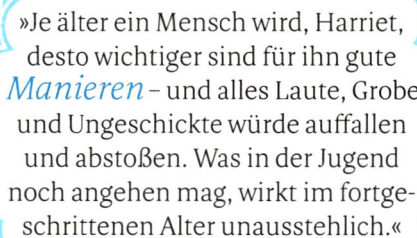

»Je älter ein Mensch wird, Harriet,
desto wichtiger sind für ihn gute
Manieren – und alles Laute, Grobe
und Ungeschickte würde auffallen
und abstoßen. Was in der Jugend
noch angehen mag, wirkt im fortge-
schrittenen Alter unausstehlich.«

Emma

Was ist nur aus der ganzen
Schüchternheit auf der Welt
geworden? Schüchternheit und
Schweißfieber sind Selbstvertrauen und
Lähmungserscheinungen gewichen.

Jane Austen an Cassandra

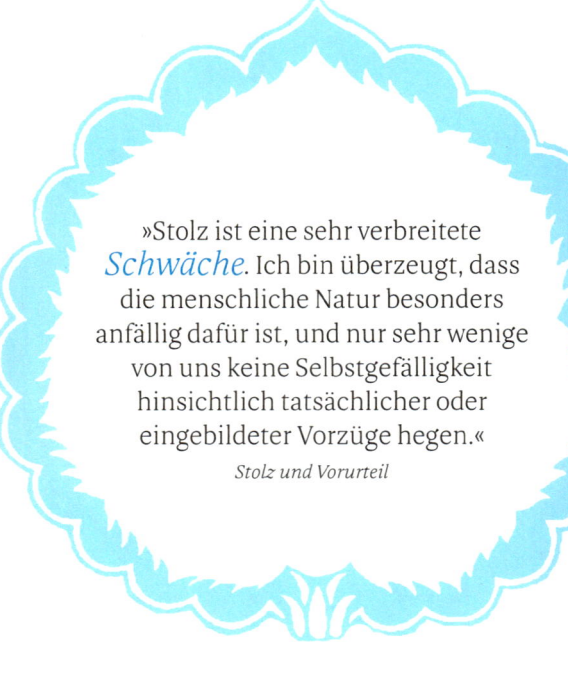

»Stolz ist eine sehr verbreitete
Schwäche. Ich bin überzeugt, dass
die menschliche Natur besonders
anfällig dafür ist, und nur sehr wenige
von uns keine Selbstgefälligkeit
hinsichtlich tatsächlicher oder
eingebildeter Vorzüge hegen.«

Stolz und Vorurteil

So gern sie ihn auch immer gehabt hatte, vermochte sie doch jetzt nicht ohne Ärger, ja fast Verachtung an seine *mangelnde Entschlusskraft* zu denken, die ihn zum Sklaven seiner hinterhältigen Freunde machte und dazu brachte, sein eigenes Glück ihren willkürlichen Launen zu opfern.

Stolz und Vorurteil

Sie mochte seine offene Art, aber
ein bisschen weniger *Offenherzigkeit*
hätte ihm charakterlich durchaus
nicht geschadet.

Emma

»Nichts ist trügerischer als der Anschein
von *Bescheidenheit*«, warf Darcy ein.
»Er ist oft nur Oberflächlichkeit oder
versteckte Angeberei.«

Stolz und Vorurteil

Wohlwollen gegenüber jedermann,
aber nicht Freundschaft mit jedermann
machte einen Mann zu dem,
was er sein sollte.

Emma

»Ich bin zu stur, als dass man mir
nach Belieben Angst einjagen kann.
Mein *Mut* steigt mit jedem Versuch,
mich einzuschüchtern.«

Stolz und Vorurteil

Die eigentlichen Werte –
Reichtum und
Karriere

Und was die romantischsten
Menschen auch immer sagen mögen,
ohne Geld geht es nun einmal nicht.

Die Abtei von Northanger

»Denn was hat schon *Reichtum* oder
Größe mit Glück zu tun?« – »Größe nur
wenig«, sagte Ellinor, »aber Reichtum
hat viel damit zu tun.«

Verstand und Gefühl

Wer müsste sich nicht *glücklich* schätzen, einen Mann mit dreitausend Pfund im Jahr zu heiraten, welcher eine Kutsche samt Gespann mit silbernem Geschirr unterhält, mit einem Kasten unter dem Bock vorne u. einem Fenster zum Hinaussehen hinten?

Die drei Schwestern

Sie genießt den Ruf besonderer Einsicht und Klugheit, aber das wird teils auf ihren *Stand* und ihr *Vermögen*, teils auf ihre herrische Art zurückzuführen sein.

Stolz und Vorurteil

Ihre *Liebe zum Geld* stand ihrer Liebe zum Kommandieren in nichts nach, und sie verstand es ebenso gut, ihr eigenes zu sparen, wie das ihrer Freunde auszugeben.

Mansfield Park

»Ich bin schon lange überzeugt, dass nur diejenigen, die *keinem Beruf* nachgehen, obgleich ein jeder notwendig und in seiner Art ehrenvoll ist, die ein geregeltes Leben auf dem Lande führen, sich ihre Zeit einteilen und tun können, was ihnen gefällt, die sorgenlos von ihrem Vermögen leben können, nur sie, sage ich, können die Segnungen der Gesundheit und des guten Aussehens bis zuletzt bewahren.«

Anne Elliot

Da für mich überhaupt keine Notwendigkeit bestand, einen Beruf zu ergreifen, erklärte man, *Müßiggang* sei immer noch das Vorteilhafteste und Ehrenvollste, und ein junger Mann von achtzehn Jahren ist im Allgemeinen nicht so erpicht darauf, fleißig zu sein, dass er sich nicht von seinen Freunden zum Nichtstun verleiten ließe.

Verstand und Gefühl

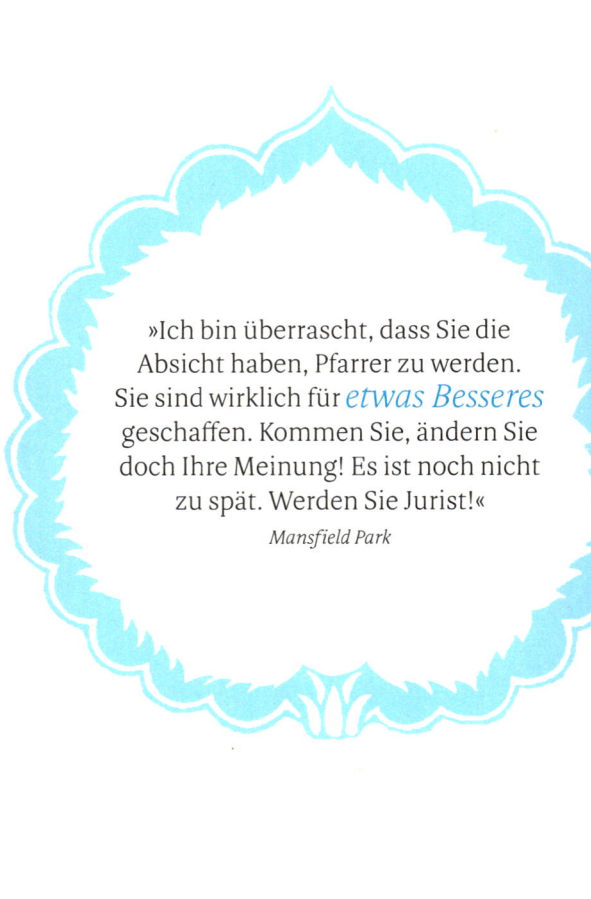

»Ich bin überrascht, dass Sie die Absicht haben, Pfarrer zu werden. Sie sind wirklich für *etwas Besseres* geschaffen. Kommen Sie, ändern Sie doch Ihre Meinung! Es ist noch nicht zu spät. Werden Sie Jurist!«

Mansfield Park

Alleinstehende Frauen haben eine fatale Neigung zur *Armut*. Das ist ein starkes Argument für die Ehe.

Jane Austen an Fanny Knight

Ein sehr *knappes Einkommen* muss notwendigerweise den Geist einengen und die Stimmung verderben.

Emma

In bester
Gesellschaft

Charles Powlett hat am Donnerstag
einen Tanz veranstaltet, zum
Verdruss aller seiner Nachbarn,
die natürlich, wie Du weißt, lebhaftes
Interesse am Zustand seiner Finanzen
haben und in der Hoffnung auf seinen
baldigen Ruin leben.

Jane Austen an Cassandra

Wozu sind wir wohl da, wenn
nicht um unseren *Nachbarn*
Anlass zu Gelächter zu geben
und uns umgekehrt über sie
lustig zu machen?

Stolz und Vorurteil

Bitte *grüße* jeden, der nicht nach
mir fragt. Die, die nach mir fragen,
erinnern sich ohnehin an mich.

Jane Austen an Cassandra

Ich achte Mrs. Chamberlyne für
ihr sorgfältig frisiertes Haar, aber
wärmere Gefühle kann ich
nicht für sie aufbringen.

Jane Austen an Cassandra

Stell dir vor, Mrs. Holder ist tot.
Die arme Frau hat das Einzige auf der
Welt getan, was in ihrer Möglichkeit
stand, um einen daran zu hindern,
über sie *herzuziehen*.

Jane Austen an Cassandra

Wir trafen Dr. Hall. Er war in *Trauer.*
Entweder ist seine Mutter, seine Frau
oder er selbst gestorben.

Jane Austen an Cassandra

Die *Todesanzeige* von Mrs. Wyndham
Knatchbull haben wir gesehen.
Ich hatte ja keine Ahnung,
dass irgendjemand sie gernhatte.

Jane Austen an Cassandra

Lady Catherine sprach
ununterbrochen – bald um
die Fehler der drei anderen
aufzuzeigen oder irgendeine Anekdote
über sich selbst zum Besten zu geben.

Stolz und Vorurteil

Keinerlei Armut kam zum Vorschein,
außer in der *Konversation* –
da aber herrschte in der Tat
ein beträchtlicher Mangel.

Verstand und Gefühl

Miss Bates besaß nicht die
geistige Überlegenheit,
mit sich selbst fertig zu werden oder
jenen, die sie nicht mochten, zumindest
nach außen hin Respekt einzuflößen.

Emma

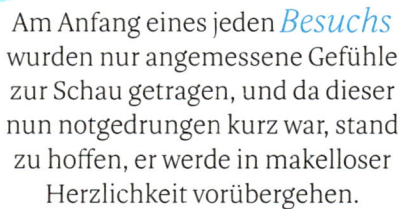

Am Anfang eines jeden *Besuchs*
wurden nur angemessene Gefühle
zur Schau getragen, und da dieser
nun notgedrungen kurz war, stand
zu hoffen, er werde in makelloser
Herzlichkeit vorübergehen.

Emma

»Sie müssen wissen, dass ich in der festen Absicht hierhergekommen bin, mich *durchzusetzen*, und das kann man mir nicht ausreden. Es passt mir nicht, mich den Launen anderer Leute zu beugen. Ich bin es nicht gewohnt, Enttäuschungen hinzu- nehmen. Unterbrechen Sie mich nicht! Hören Sie mir schweigend zu!«

Stolz und Vorurteil

Darauf versammelte sich die
Gesellschaft um den Kamin, um
Lady Catherine bestimmen zu hören,
welches Wetter sie für den
nächsten Tag festsetzte.

Stolz und Vorurteil

Mr. Richard Harvey wird heiraten,
aber das ist ein großes *Geheimnis*
und nur die halbe Nachbarschaft weiß es;
also sprich nicht darüber.

Jane Austen an Cassandra

»Meine Vorstellung von *guter Gesellschaft*, Mr. Elliot, ist die einer Gemeinschaft kluger, gut unterrichteter Menschen, die eine gewählte Unterhaltung lieben.« – »Sie irren«, erwiderte er freundlich. »Das ist nicht *gute* Gesellschaft, das ist die beste.«

Anne Elliot

Obwohl wir mit fast *niemandem*
Verkehr pflegen (denn wir besuchen nur
die M'Leods, die M'Kenzies,
die M'Phersons, die M'Cartneys,
die M'donalds, die M'Kinnons,
die M'lellans, die M'Kays, die Macbeths
und die Macduffs), sind wir deshalb
weder trübsinnig noch unglücklich:
Im Gegenteil.

Lesley Castle

Eigentlich wünschte sie sich gar nicht, *mehr Zeit* für die beiden zu haben. Es gibt nämlich Leute, die, je mehr man für sie tut, umso weniger für sich selbst tun.

Emma

»Den ganzen Abend habe ich
unaufhörlich geredet, und zwar ohne,
dass ich etwas zu sagen gehabt hätte.
Aber bei *dir*, Fanny, finde ich vielleicht
Ruhe. Du verlangst nicht, dass ich
dich unterhalte. Gönnen wir uns also
den Luxus des Schweigens.«

Mansfield Park

Die Menschen sollten nicht gar
zu *liebenswürdig* sein. Das erspart
mir die Mühe, sie allzu sehr zu mögen.

Jane Austen an Cassandra

Wie stets waren ihr die eigenen
Gedanken und Überlegungen
die *besten Gefährten*.

Mansfield Park

Aus dem Leben
gegriffen

»Deine Gedanken beschäftigen
sich zu viel mit Bath; jedes Ding hat
seine Zeit – Bälle, Theater und auch die
Arbeit. Du hast dich sehr lange
vergnügen dürfen, und jetzt heißt es,
sich wieder *nützlich* zu machen.«

Die Abtei von Northanger

Wer nicht mehr hat, muss mit
dem *zufrieden* sein, was er hat.

Mansfield Park

»Du musst meine *Philosophie*
annehmen! Denke nur an die
Vergangenheit, wenn die Erinnerung
dir Freude bereitet.«

Stolz und Vorurteil

Aber sogar *sie* räumte ein, dass
ein gelegentliches Denken an
vergangene Torheiten, wenn
auch schmerzlich, so doch keineswegs
ohne heilsame Lehre sei.

Die Abtei von Northanger

Es gibt im menschlichen Leben
Situationen, in denen die *Vernunft*
sehr wenig Macht besitzt.

Die Abtei von Northanger

Oft ist es doch nur unsere eigene
Eitelkeit, die uns betrügt.

Stolz und Vorurteil

Was für *wilde Phantasien* man
doch anstellt, wenn es um das
liebe Selbst geht!

Anne Elliot

»Sie führen kein *Tagebuch*?
Wie sollen dann Ihre Basen jemals von
Ihren Erlebnissen in Bath erfahren?«

Die Abtei von Northanger

»So viele *Spiegel*! O mein Gott!
Unmöglich, sich selbst
aus dem Weg zu gehen!«

Anne Elliot

»Einblicke wie diese, Harriet, tun einem gut. Wie *belanglos* dagegen doch alles andere erscheint! Mir ist jetzt, als könnte ich heute an nichts anderes mehr denken als an diese armen Wesen; und dennoch, vermag man nicht zu sagen, wie schnell alles wieder meinem Gedächtnis entschwunden sein wird!«

Emma

Sie war eher *wortkarg*, weil sie,
anders als die meisten Leute,
ihre Worte der Zahl
ihrer Einfälle anpasste.

Verstand und Gefühl

Mary hätte zu gern etwas *Vernünftiges*
gesagt, aber es fiel ihr nichts ein.

Stolz und Vorurteil

»Ich kann keine *Vorwürfe*
ertragen. Meine Lebensgeister
sind nicht so gehoben, als dass
sie niedergedrückt werden müssten.«

Lady Susan

Das teure Geschöpf trinkt ein bisschen
zu viel. Sie hat viele reizende
Eigenschaften, aber die *Nüchternheit*
zählt nicht zu ihnen.

Die drei Schwestern

Lady Bertram gehörte zu den
Menschen, die meinen, nichts sei
für irgendjemanden gefährlich,
schwierig oder anstrengend –
außer für sie *selbst*.

Mansfield Park

Egoismus muss man ja immer
verzeihen, weil schließlich keine
Hoffnung besteht,
davon geheilt zu werden.

Mansfield Park

Wer nicht klagt,
bekommt kein *Mitgefühl*.

Stolz und Vorurteil

Eitelkeit und Stolz sind zwei
verschiedene Dinge, obwohl man die
Worte oft gleich verwendet. Ein Mensch
kann stolz sein, ohne eitel zu sein. Stolz
bezieht sich mehr auf unsere Meinung
von uns selbst, Eitelkeit auf das, was
andere von uns denken sollen.

Stolz und Vorurteil

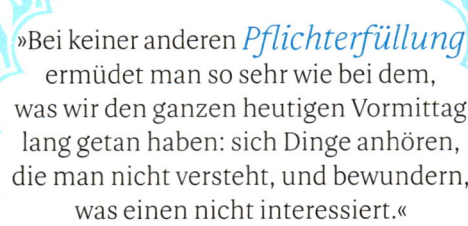

»Bei keiner anderen *Pflichterfüllung*
ermüdet man so sehr wie bei dem,
was wir den ganzen heutigen Vormittag
lang getan haben: sich Dinge anhören,
die man nicht versteht, und bewundern,
was einen nicht interessiert.«

Mansfield Park

Es gibt nichts, zu dem man
nicht die *Kraft* aufbringen kann,
wenn man es nur will.

Jane Austen an Cassandra

Nachgeben ohne *Überzeugung*
gereicht niemandem zur Ehre.

Stolz und Vorurteil

»Es liegt mir fern, Mr. Bingley eine
böse Absicht zu unterstellen, aber selbst
unbeabsichtigtes Unrecht führt
zu Missverständnissen und Leid.
Gedankenlosigkeit, mangelnde
Rücksichtnahme auf die Empfindungen
anderer sowie mangelnde
Entschlusskraft sorgen schon dafür.«

Stolz und Vorurteil

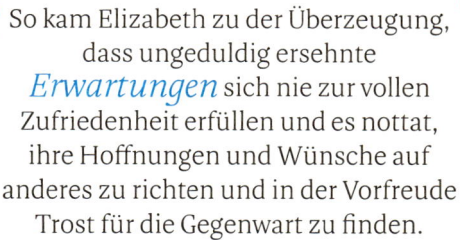

So kam Elizabeth zu der Überzeugung,
dass ungeduldig ersehnte
Erwartungen sich nie zur vollen
Zufriedenheit erfüllen und es nottat,
ihre Hoffnungen und Wünsche auf
anderes zu richten und in der Vorfreude
Trost für die Gegenwart zu finden.

Stolz und Vorurteil

»Hüte dich vor Ohnmachtsanfällen.
Kurzzeitig mögen sie erfrischend u.
erfreulich sein, doch glaube mir, so man
sie allzu häufig u. zu ungeeigneten Zeiten
wiederholt, können sie sich letzten Endes
als verderblich für die Konstitution
erweisen. Ein *Tobsuchtsanfall* ist
nicht um ein Viertel so gefährlich;
er ist eine Ertüchtigung für den
Organismus, u. wenn er nicht zu heftig
ausfällt, erachte ich seine Folgen als sehr
wohl gesundheitsfördernd; verfalle in
Raserei, sooft es dich danach gelüstet,
aber falle nicht in Ohnmacht –«

Liebe u. Freundschaft

Der Mensch neigt von Natur aus zu
Wohlwollen gegenüber jenen, in deren
Leben gerade etwas *Aufregendes*
geschieht, weshalb ein junger Mann,
der entweder heiratet oder stirbt,
sicher sein kann, dass nur Gutes
über ihn gesagt wird.

Emma

»Ich habe schon öfter bemerkt,
dass wir uns am leichtesten mit etwas
abfinden, wenn das uns verwehrte
Glück in unseren Augen schon
ein wenig an Wert verloren hat.«

Stolz und Vorurteil

»Erkennen Sie Ihr eigenes Glück!
Sie brauchen nur ein wenig Geduld – oder
geben Sie ihr einen reizvolleren Namen,
nennen Sie sie *Hoffnung*.«

Verstand und Gefühl

»Wie jeder andere möchte ich ganz
einfach *rundherum glücklich* sein;
aber wie jeder andere kann ich nur auf
meine Weise glücklich werden.«

Verstand und Gefühl

Dem Glücklichen fällt es schwer,
demütig zu sein.

Emma

Die schönste Nebensache der Welt

»Ich lese niemals Romane!
Ich habe *Besseres* zu tun!«

Die Abtei von Northanger

Sir Edward war verblüfft; er hatte
wohl kaum so lebhaften *Widerstand*
erwartet. »Wo um Himmels willen«,
sagte er, »hast du diesen haarsträuben-
den Unsinn her? Ich vermute,
du hast wieder einmal Romane gelesen.«

Liebe u. Freundschaft

Wer an einem guten *Roman*
keine Freude findet,
muss unerträglich dumm sein.

Die Abtei von Northanger

Mr. Darcy wandte sich wieder
seiner Tänzerin zu: »Sir Williams hat
uns unterbrochen. Worüber
sprachen wir gerade?«
»Ich glaube nicht, dass wir sprachen.
Einige Themen haben wir ja bereits
erfolglos angeschnitten, aber welches
wir jetzt wählen sollen, ist mir völlig
schleierhaft.«
»Was halten Sie von *Büchern*?«,
fragte er lächelnd.

Stolz und Vorurteil

Quellenverzeichnis

Jane Austen, *Anne Elliot – oder die Kunst der Überredung*. Roman. Aus dem Englischen von Margarete Rauchenberger. Insel Verlag Berlin 2012 (insel taschenbuch 4536).

Jane Austen, *Die Abtei von Northanger*. Roman. Aus dem Englischen von Margarete Rauchenberger. Insel Verlag Berlin 2013 (insel taschenbuch 4543).

Jane Austen, *Die drei Schwestern und andere Jugendwerke*. Herausgegeben und aus dem Englischen von Melanie Walz. Insel Verlag Frankfurt am Main und Leipzig 2000 (insel taschenbuch 2698). Enthält unter anderem: »Die drei Schwestern«, »Liebe u. Freundschaft«, »Lesley Castle«, »Catharine oder Die Laube«, »Frederic und Elfrida«

Jane Austen, *Emma*. Roman. Aus dem Englischen von Angelika Beck. Insel Verlag Berlin 2017 (insel taschenbuch 4570).

Jane Austen, »*Ich bin voller Ungeduld*«. *Briefe an Cassandra*. Aus dem Englischen, ausgewählt und mit einem Nachwort von Ursula Gräfe. Insel Verlag Frankfurt am Main und Leipzig 2009 (insel taschenbuch 3444).

Jane Austen, *Lady Susan*. Ein Roman in Briefen. Aus dem Englischen von Angelika Beck. Mit den zwei Romanfragmenten: *Die Watsons. Sanditon*. Aus dem Englischen von Elizabeth Gilbert. Insel Verlag Frankfurt am Main 1989 (insel taschenbuch 1192).

Jane Austen, *Mansfield Park*. Roman. Aus dem Englischen von Angelika Beck. Insel Verlag Berlin 2017 (insel taschenbuch 4569).

Jane Austen, *Stolz und Vorurteil*. Roman. Aus dem Englischen von Margarete Rauchenberger. Vollständig neu bearbeitet von Ursula Gräfe. Insel Verlag Berlin 2017 (insel taschenbuch 4567).

Jane Austen, *Verstand und Gefühl*. Roman. Aus dem Englischen von Angelika Beck. Insel Verlag Berlin 2017 (insel taschenbuch 4568).

Jane Austen für Boshafte. Ausgewählt von Elsemarie Maletzke. Insel Verlag Frankfurt am Main und Leipzig 2009 (insel taschenbuch 3445).
Enthält Zitate aus: Jane Austen's Letters. Collected and edited by Deirdre Le Faye. Oxford University Press, Oxford 1995. Aus dem Englischen von Elsemarie Maletzke.

Inhalt

Auswahl und Zusammenstellung von Katrin Eisner.
Sämtliche Zitate werden in dieser Ausgabe
in neuer Rechtschreibung wiedergegeben.

Erste Auflage 2017
insel taschenbuch 4571
Originalausgabe
© Insel Verlag Berlin 2017
Vertrieb durch den Suhrkamp Taschenbuch Verlag
Umschlagillustration: Kat Menschik, Berlin
Umschlaggestaltung: hißmann, heilmann, hamburg
Druck: CPI – Ebner & Spiegel, Ulm
Printed in Germany
ISBN 978-3-458-36271-5